Souvenirs

du Passé

Souvenirs

du Passé

A Mademoiselle J. S...

Vous êtes bien heureuse au printemps de la vie,
Tout semble vous sourire et tout vous porte envie;
Vos jours sont aussi purs que l'azur de vos yeux;
Et rien ne vient troubler ce bonheur sans mélange,
Bonheur qu'on entrevoit sur les lèvres d'un ange,
Lorsqu'il penche sa tête à la voûte des cieux.

Par un beau soir d'été, sous la verte charmille,
Vous chantez bien souvent, rieuse jeune fille;
Le souffle du zéphir agite mollement,
Près de vos blonds cheveux, la feuille blanche et rose,
Tout auprès de son nid un oiseau se repose,
Créature du ciel veillant sur son enfant!....

Et vous rêvez alors!... bien douce rêverie...
Votre main au hasard court sur la broderie,
Y traçant un dessin, une fleur, un feston;
Des guirlandes sans fin, véritables merveilles,
Des rubans plus légers que des ailes d'abeilles,
Sur un tissu bien doux dessinent votre nom.

Et si vous contemplez votre charmant ouvrage,
Des pleurs viennent alors mouiller votre visage;
Votre regard muet implore le Seigneur
Qui vous fait vivre ainsi, jeune, belle, adorée,
Sous les regards jaloux d'une mère enivrée...
   Ah! voilà le bonheur...

Oh! dans ces moments-là l'âme n'est plus sur terre,
Elle a quitté le corps, le néant, la matière,
Pour s'en aller au ciel sous le souffle divin;
Pure idéalité qu'on cherche sans connaître,
Rayon perdu du ciel qui meurt au moment d'être...
On s'éveille, on soupire, et le rêve a sa fin.

Ainsi Dieu nous a faits!... Sa main toute-puissante
Créa l'homme en un jour, son image vivante.
Portrait de l'Éternel, il doit s'en souvenir!...
Et vous, le pur rayon de la céleste flamme,
Vous avez devant vous, pour éclairer votre âme,
Comme un phare brillant, la foi dans l'avenir!...

Décembre 1852.

A *Mademoiselle J. S...*
le jour de sa fête.

Les fleurs écloses sur leur tige
Dès les premiers rayons du jour;
Le papillon bleu qui voltige
Et se regarde avec amour;

Le rossignol de sa voix douce
Annonçant son joyeux réveil;
Le lézard doré sous la mousse,
Miroitant aux feux du soleil;

L'insecte joyeux qui bourdonne
En étalant ses ailes d'or,
Et la rose blanche qui donne
A l'abeille son doux trésor;

Tout en un mot dans la nature,
Par un doux chant, par un doux chœur,
Va souhaiter d'une voix pure
Chaque jour sa fête au Seigneur.

Je viens comme eux, joyeux fidèle,
Rempli d'espoir, la joie au cœur,
Pour souhaiter la fête à celle
Que Dieu créa pour mon bonheur.

Pour elle, au Maître je demande
Espoir, amour, joie et plaisir,
Et sur sa tête qu'il répande
Tous les trésors de l'avenir.

Que dans le sentier de la vie
Il sème des fleurs sous vos pas;
Que vous soyez par lui bénie
Dans tous vos rêves d'ici-bas.

Que tout à vos souhaits réponde,
Et que vous possédiez enfin
Tous les délices de ce monde,
Bonheur sans fiel, plaisir sans fin.

Vous exaucerez ma prière,
Ah! j'en ai bien l'espoir, Seigneur;
Pour moi ce qu'il me faut sur terre,
C'est une place dans son cœur.

19 mars 1857.

Quatrain

Permets-moi de t'offrir ce tout petit objet,
A toi mon vrai trésor et mon bonheur suprême.
Pense à moi quelquefois en voyant ce carnet
Qui, s'il pouvait parler, dirait combien je t'aime.

24 décembre 1857.

Charade

Mon premier en musique est la note septième ;
Si mon second vous aime, il peut vous protéger.
Mais redoutez mon tout : mon tout c'est le danger,
Vous ne pourrez plus fuir, si jamais il vous aime.

Si-rène   21 décembre 1858.

Mélodie

Quand la mer jette son écume,
Que l'onde transparente fuit,
Quand sur la grève un feu s'allume
Au milieu de l'épaisse nuit,
Quand la tremblante tourterelle
Ne pousse plus qu'un cri craintif,
Quand l'oiseau rase de son aile
Aux bords des mers un frêle esquif,

Toi qui brilles pour l'espérance
Sous un nuage transparent,
Ciel azuré, sur ma souffrance
Viens étendre ton voile blanc.

Quand le vent souffle dans le hêtre,
Que l'hirondelle, loin de nous,
Quitte le lieu qui la vit naître
Pour chercher un climat plus doux;
Quand l'enfant transi des bruyères,
De sa voix mourante, se plaint
Et va chercher dans les chaumières
Une place au foyer éteint,

Toi qui brilles pour l'espérance, etc...

Car c'est alors que l'âme pleure,
Que tout faible mortel a peur
Et demande une autre demeure
Dans ton divin temple, Seigneur!...
C'est alors que tout homme tombe
De sa triste réalité,
Un pied sur le bord de la tombe,
Il se dit tout épouvanté:

Toi qui brilles pour l'espérance, etc...

6 avril 1858.

Ama — Crede — Spera

De l'essence divine un jour Dieu nous forma,
Puis il créa la femme en lui disant : *Ama ;*
Courageuse toujours, dévouée et sincère,
Ce fut une compagne à notre premier père,
Et lorsque de l'Eden il fut dépossédé,
Dieu lui laissa l'espoir en lui disant : *Crede.*
O toi que j'aime tant, prends ces mots pour devise,
Tu les répéteras à mes côtés assise ;
Et dans les temps futurs l'homme répétera
Ces mots toujours divins : *Ama, Crede, Spera.*

1er janvier 1859.

Son image

(Sonnet)

Elle est toujours partout, souvenir et pensée,
Espoir aux traits riants, beau songe aux ailes d'or;
Je l'entraîne avec moi dans ma course pressée,
Image, en écrivant je la retrouve encor.

Mon âme, de la suivre, hélas! toujours pressée,
Sans cesse de son vol précipite l'essor;
Et l'avare n'a pas d'ardeur plus insensée,
Quand son regard s'enflamme à couver son trésor.

Je l'entrevois dans l'ombre, ainsi qu'un blanc nuage,
Chaque rayon furtif, où flotte son image,
Ouvre à l'hymne d'amour mes lèvres de Memnon ;

Sa voix chante en mon cœur qui brûle de l'entendre,
On me parle et, distrait, j'écoute sans comprendre,
Car ma bouche tout bas murmure son doux nom.

29 avril 1859.

A ma femme, à ma fille.

Ah! ce cri renfermant tout l'amour d'une femme,
Ce cri comme un fer rouge a traversé mon âme;
Cri surhumain sorti d'une immense douleur,
Où la femme éplorée, à ce moment suprême,
Sur le bord du tombeau vous dit encore : je t'aime,
Va, je te donne tout... mon amour et mon cœur!

Que vous soyez ou non d'une noble famille,
Homme fort, courageux, ou faible jeune fille,
Puissant sur cette terre, ou grand dans les combats,
Philosophe ou croyant, à cette heure terrible
D'angoisse, de tourment, de souffrance impossible,
Vous serez bien petit... et vous prierez tout bas.

Enfin l'enfant est né, le voilà, c'est la vie,
L'espoir et l'avenir, il paraît, tout s'oublie;
C'est lui qui du bonheur annonce le retour;
Mais pour être béni du bon Dieu, sur la terre,
Pauvre enfant de mon cœur, souviens-toi que ta mère
Avait failli mourir pour te donner le jour.

Souviens-toi que tes jours ont coûté bien des larmes,
De soucis incessants, de poignantes alarmes,
Souviens-toi que souvent, assise à ton berceau,
Ta mère a surveillé d'un regard plein d'envie
Le réveil adoré de sa fille chérie,
Timide et blanche fleur, jeune et frêle roseau.

Berthe, tu grandiras, mais aime bien ta mère,
Toujours bien dévouée et toujours bien sincère;
Suis-la dans ses conseils, qu'elle soit tout pour toi.
Et si tu veux trouver le bonheur sur ta route,
Songe qu'il est là-haut un Dieu qui nous écoute,
Mets ta confiance en lui: Dieu, ta mère et la foi.

Épouse du Seigneur, qui souffris éplorée
De la mort de ton fils, Vierge sainte et sacrée,
Toi qui sur nous toujours veilles si tendrement,
Sous ta protection je place mon enfant.

Oh! oui. Car tu comprends comme nous qu'une mère
Tremble pour son enfant, son trésor sur la terre;
Et toi-même souvent, dans un muet adieu,
Tu tremblas pour ton fils... et ton fils était Dieu.

14 septembre 1859.

A ma Berthe.

Berce-moi sur ton cœur, ô ma petite mère,
Et de ta Berthe aimée, un jour tu seras fière;
Relève sur ses yeux ton œil bleu, si brillant,
Tu la verras bientôt bien sage et grandissant,
Heureuse près de toi, répéter sa prière
Et prier pour nous tous le Dieu du pauvre enfant.

19 janvier 1860.

Pensée

Deux cœurs unis d'amour et confondus ensemble,
Battant à l'unisson et d'un commun transport,
Qu'une même pensée enveloppe et rassemble :
Est-il donc quelque chose au monde qui ressemble
    A ce sublime accord ?

1ᵉʳ septembre 1862.

A ma femme.

Joyeuse de te voir, la rose ta pareille,
Et fraîche comme toi, chatoyante et vermeille,
Je dit en souriant : O ma charmante sœur,
A toi par la fraîcheur, ô ma sœur, je ressemble,
Il faut, fleurs toutes deux, vivre et mourir ensemble ;
Mais moi, pour ma beauté, chaque matin je tremble,
Et toi, tu ne crains rien, ta beauté c'est ton cœur.

1ᵉʳ octobre 1860.

Le bonheur à deux

Quand vous rencontrerez un jour sur votre route
Deux êtres dont l'esprit ne connaît pas de doute,
Heureux quand l'un sourit, ou tous deux malheureux,
Ne cherchez pas plus loin, dites avec mystère :
Mon Dieu, j'ai rencontré deux élus sur la terre,
Car le bonheur est tout dans l'existence à deux.

1er septembre 1862.

Cinquième anniversaire

Allons, sur mes genoux viens t'asseoir, ô ma reine,
Muse des jours heureux, je veux chanter ce soir:
Viens... la nature dort, calme, pure, sereine,
Moins pure que ton front uni comme un miroir.

Je suis fier et content; au lever de l'aurore,
En souriant, pour toi j'irai prier mon Dieu;
C'est ta fête demain, viens m'embrasser encore,
A nous deux le bonheur, à tous chagrins adieu!

Mon bonheur pour toujours déborde dans mon âme,
Malgré moi je m'endors au pied de l'infini;
Comme le flot sacré d'encens et de cinname
Enivre de parfum l'homme de Dieu béni.

Et cet homme c'est moi, moi qui dis pour prière
C'est sa fête demain, fais en sorte, ô mon Dieu,
Qu'elle ait tous les plaisirs, un ciel toujours prospère,
A nous deux le bonheur, à tous chagrins adieu!

18 mars 1862.

Sixième anniversaire

Je t'aime et veux t'aimer toujours, t'aimer encore,
Par tout notre printemps de bonheur parfumé;
Je t'aime, car la voix de l'âme qu'on adore
Vient parler tendrement au cœur de l'homme aimé.

Je t'aime, et de l'amour l'éternelle puissance
T'ouvrira pour toujours un heureux horizon,
Je t'aime, sois sans crainte et place à l'espérance,
Car béni fut le jour où tu reçus mon nom.

Seigneur tu m'as donné cet ange de ma vie
Et tu m'as dit alors : Marche, je te suivrai ;
Et moi je t'ai crié : Que ta main soit bénie !
Car tu m'avais promis que tu la bénirais.

Et tu nous as bénis, fidèle à ta parole,
Tu nous rends bien heureux, merci du fond du cœur ;
Des misères d'en bas notre âme se console
En rêvant à l'amour, à l'espoir, au bonheur.

Et que te souhaiter pour demain, pour ta fête,
Que demander à Dieu, que lui dire à genoux,
Quel parfum devra-t-il répandre sur ta tête,
Que nous donnera-t-il, que fera-t-il pour nous ?

Je lui demanderai que notre bonheur dure,
Que de tous les ennuis il t'éloigne à jamais,
Qu'il te garde l'amour, adorable parure,
Et je te répéterai mes plus ardents souhaits.

Je t'aime, et veux t'aimer toujours, t'aimer encore,
Par tout notre printemps de bonheur parfumé ;
Je t'aime, car la voix de l'âme qu'on adore
Vient parler tendrement au cœur de l'homme aimé.

19 mars 1863.

A ma pauvre Berthe.

J'avais voué ma fille au Dieu de la puissance,
Je l'avais supplié de bénir mon enfant,
Je l'avais imploré; mais du ciel la vengeance
Au front avait marqué ce pauvre être innocent.

Je t'ai prié, mon Dieu, dans ma douleur profonde,
Car tout ce que tu veux, tu le peux, sans efforts.
Je me suis prosterné devant le roi du monde
Qui courbe sous sa loi les faibles et les forts.

On dit que le Seigneur exauce la prière
De celui qui le prie et l'aime au fond du cœur;
Qu'il ne refuse rien au front qui, sur la pierre,
Se courbe lentement en sa grande douleur.

Rien n'a pu t'apaiser, Dieu bon, Dieu de clémence;
Tu m'as tout enlevé, tout ôté, c'est fini.
Ce bel ange est là-haut; arrête ta vengeance!
Dieu puissant, Dieu du ciel, que ton nom soit béni!

Mourir, et pas quatre ans encore,
Mourir, quand la vie au matin,
Comme l'aiglon qui vient d'éclore,
Bat de l'aile les yeux fixés au ciel lointain.

Mourir quand notre âme ravie,
Dans les rêves s'endort d'espoir;
Mourir en rêvant à la vie,
Mourir, hélas! sans le savoir.

Et voilà comment chacun tombe,
Jeune ou vieux, à l'aurore ou tard;
Et le corps d'un enfant comble aussi bien la tombe
Que le cadavre d'un vieillard.

28 août 1863.

Pour le Jour de l'An

Au printemps toujours vert, à l'été sans nuage,
Succèdent l'hiver sombre et les nuits sans sommeil;
Après la mer tranquille avec son flot vermeil,
On voit surgir souvent la tempête et l'orage.

Après le jour serein parait la nuit livide,
Et, quand l'automne vient, bien tristes sont les bois;
Vers le bonheur d'un jour accourt la foule avide...
Mais il faut qu'ici-bas chacun porte sa croix.

Nous sommes ainsi faits, la vie est un mélange
De malheurs sans sujet, de bonheur, de tourment;
L'homme poursuit une ombre, il saisit le néant,
Chimère sans objet, inexplicable, étrange.

Soyons fermes toujours; pour moi je dis : courage,
Le malheur n'abat pas quand l'homme est vraiment fort;
Quand le pilote a peur, et quand la main s'endort,
On faillit au devoir, le vaisseau fait naufrage.

A tes chagrins passés, ô ma femme chérie,
Succéderont des jours plus heureux, crois-moi bien;
Après les pleurs, la joie, ainsi s'en va la vie;
Du courage, toujours, courage, et ne crains rien!

Une année aujourd'hui disparaît dans l'espace
Et s'enfuit, avec elle emportant ton chagrin;
Qu'au calme, à l'avenir, elle cède la place,
Je prédis le bonheur, et ne prédis en vain.

Ne crains rien, ô mon ange, avec l'homme qui t'aime,
Et donnerait pour toi tous ses jours sans regret,
L'amour c'est le bonheur, c'est le bonheur suprême,
Aimons-nous bien tous deux, c'est mon meilleur souhait.

Aimons-nous, aimons-nous, c'est la sublime flamme
Qui fait pâlir partout la gloire et le renom ;
Pour moi je t'aimerai tant qu'un souffle de l'âme
Restera dans mon corps pour prononcer ton nom.

1er janvier 1866.

Jamais, hélas! de la douce harmonie,
L'antiquité ne m'apprit les secrets;
L'instruction, nourrice du génie,
De son lait pur ne m'abreuva jamais.
Que demander à qui n'eut pas de maître?
Du malheur seul les leçons m'ont formé
Et ces épis que mon printemps voit naître
Viennent d'un champ où rien ne fut semé.

Juin 1869.

A un ami.

Dans ce siècle où tout tend au matérialisme,
Où la foi devient crime et le doute raison,
Où l'incrédulité se dresse à l'horizon,
Je crois aux vrais amis, voilà mon réalisme.

Quand on voit tout faucher, le mérite et la gloire,
Quand tout autour de nous tombe dégénéré,
Lorsque l'homme au cercueil descend désespéré
Ami, mon cher ami, je suis heureux de croire.

Avril 1872.

Ce que dit un portrait

A ma femme.

Fleur souriante au ciel, nuage dans l'espace,
Soleil aux rayons d'or, éclatant, lumineux,
Amour, rêve, plaisir, espérance, tout passe ;
Ce qui ne passe pas, c'est le bonheur à deux.

. 19 mars 1878.

A Berthe, à Alice.

Grand Dieu, toi qui connais nos secrets sentiments,
Toi qui lis dans les cœurs, par ta toute-puissance,
Apprends-moi ce que pèse, au poids de ta balance,
Une larme de père au front de ses enfants.

J'ai sondé, dit la voix, l'abîme et le mystère,
J'ai créé l'univers, tout construit, tout conçu,
J'ai percé le néant, mais je n'ai jamais su
Ce que d'amour profond contient le cœur d'un père.

17 avril 1878.

A Madame B...
en lui donnant mon portrait.

L'année, en s'envolant, nous laisse une couronne
Que nous devons aimer, car c'est Dieu qui la donne;
Elle n'a ni rubis, ni joyaux éclatants;
Il faut, hélas! subir la loi des destinées,
Mais je ne me plains pas, couronne des années,
Et voici mon image avec mes cheveux blancs.

Acceptez ce portrait, chez vous qu'il ait sa grâce,
Et dans vos souvenirs une petite place;
Que la porte pour lui n'ouvre pas à demi,
Et que plus tard, bien tard, de votre fin sourire
Enchanteur et charmant, je vous entende dire:
Ah! je le reconnais, c'est celui d'un ami.

O douce sympathie, effusion de l'âme,
La couronne des ans n'est pas pour vous, Madame,
Effeuillez le bonheur avec sérénité;
Pour vous le ciel est pur et le temps sans orage,
Car vous êtes la grâce et l'amabilité.

25 mars 1878.

Au Docteur P...

La vie est pour nous tous l'insondable problème
Où trébuche à tout pas le cœur mal affermi ;
Heureux qui peut serrer, dans la lutte suprême,
La main d'un honnête homme et celle d'un ami.

16 avril 1878.

A mon ami P...

Ami, je vous plains bien, et comme vous je pleure
En face du néant et de l'immensité,
En face de la mort, venant, de sa demeure,
A l'horloge de Dieu sonner l'éternité.

L'heure sombre est venue, implacable, terrible,
La mort est au chevet, tout est froid, tout est noir;
Et dans la nuit funèbre, et dans la nuit terrible,
Pas de lueur au ciel, pas d'éclair, pas d'espoir.

C'est ainsi que l'on meurt, c'est ainsi que l'on tombe,
C'est ainsi qu'on s'en va dans un suprême adieu.
Hier c'était le bonheur, aujourd'hui c'est la tombe.
C'est ainsi qu'on s'éteint... oh! ne nions pas Dieu.

Un ange aux blonds cheveux, ineffable mystère,
Un ange dont vous seul connaissiez tout le prix,
Au sourire divin, oublié sur la terre,
Appartenait au ciel, c'est le ciel qui l'a pris.

Vous avez bien souffert, nul de nous ne l'ignore,
Nous vous avons suivi, soutenu pas à pas,
Nous vous avons pleuré, nous vous pleurons encore,
Car il est des douleurs qu'on ne console pas.

Mais cette âme envolée abrite de son aile
Vous qu'elle a tant aimé, vous qu'elle adorait tant;
Et là-haut, dans le ciel, sa demeure immortelle,
L'ange béni de Dieu veille sur son enfant.

2 juin 1878.

La Tombe

Des fleurs, des feuilles et du vent,
C'est le repos, c'est la tristesse;
Mais c'est encore l'allégresse,
A moi si tu penses souvent;
Des fleurs, des feuilles et du vent.

6 septembre 1878.

A ma filleule Gabrielle.

Sous l'oreiller de toile blanche,
Tu dors sous le regard de Dieu,
Et ta mère sur toi se penche,
Et se mire dans ton œil bleu.

Et pour surprendre ton sourire,
Elle surveille ton réveil,
Car c'est pour toi qu'elle respire,
Et ton sourire est l'arc-en-ciel.

Gaîté d'enfant est sans mélange ;
Quand l'enfant rit, le ciel répond,
Sur le berceau se penche un ange
Qui lui met l'auréole au front.

Et c'est cet ange, doux mystère,
Qui, pressant ta petite main,
Viendra te suivre sur la terre
Et te montrer le doux chemin.

10 septembre 1878.

Sur la mort d'Alice B...

Quand la flamme décroît, blafarde, vacillante,
Jetant péniblement une lueur tremblante
Comme un pâle rayon d'un soleil au déclin,
C'est le dernier effort, la lutte de la vie,
C'est le combat fatal, la suprême agonie
    Du flambeau qui s'éteint.

Quand le vent souffle au bois, que les feuilles jaunies
Des arbres dépouillés se dispersent flétries,
Quand la terre revêt le manteau du cercueil,
Quand la clarté d'en haut vient faire place à l'ombre,
C'est le frémissement, c'est la tristesse sombre
    De la nature en deuil.

Ainsi de nous... pareils à la flamme qui passe,
A la feuille, à la fleur, qui traversent l'espace,
Nous sommes menacés, poursuivis pas à pas,
Le fantôme nous voit, nous suit et nous écoute,
Puis, de sa large faux il nous barre la route,
Et nous tombons frappés quand nous n'y pensons pas.

J'ai vu cela, j'ai vu la bataille terrible :
J'ai vu se tordre en vain, dans une nuit horrible,
Un bel ange du ciel, un ange de dix ans ;
J'ai vu la mort quitter son funèbre royaume,
J'ai vu la jeune fille en face du fantôme
      Qui lui disait : j'attends.

J'ai vu l'espoir perdu, l'angoisse épouvantable ;
J'ai vu venir la mort, la mort sombre, implacable,
S'asseoir à son chevet pour marquer le trépas ;
Enfin j'ai vu dans l'ombre, en proie au noir délire,
La mère se dresser, effrayante, et lui dire :
      Tu ne passeras pas.

Eh bien! tout est fini, tout tombe, tout s'écroule
Comme un vase brisé sous les pieds de la foule;
Des projets de bonheur, Dieu déchire le lien,
Et de cet avenir, de cette belle aurore,
Pauvres cœurs mutilés, que reste-t-il encore?
    Il ne reste plus rien.

Oh!... ne blasphémons pas, il reste quelque chose,
Et dans ce froid cercueil où votre enfant repose,
Tout n'a pas disparu dans un jour de malheur;
La mort n'est pas la fin, c'est l'effroyable voile.
L'ange plane plus haut, au ciel brille l'étoile,
Et vous le reverrez dans un monde meilleur.

11 janvier 1879.

A notre petite amie A. B...

Toi qui vécus un jour, toi qui brillas une heure,
Toi qui, comme l'éclair, n'apparus qu'un instant,
Ange au ciel envolé, dans mon cœur je te pleure
    Comme j'ai pleuré mon enfant.

2 février 1879.

A Mademoiselle Francine B...

Château que j'aperçois dans le fond de la plaine,
Profilant dans l'azur ta grâce souveraine,
Je t'aime ainsi coquet, mais j'aime mieux encor
La fleur de ton jardin, blonde comme une ondine,
Perle de ton écrin, qu'on appelle Francine,
Et qui luit au soleil comme un beau bouton d'or.

10 avril 1879.

A Monsieur et Madame B...
pour leurs noces d'argent.

Nous fêtons en ce jour une aurore nouvelle,
Que le temps oubliera de marquer de son aile,
Mais nous tous, réunis, nous nous en souviendrons.
Une noce d'argent, c'est un heureux présage,
Le temps importe peu, le bonheur n'a pas d'âge,
Et pour les noces d'or, nous recommencerons.

Vingt-cinq ans ont passé sans effleurer, Madame,
L'éclat de votre front ni l'azur de votre âme :
Quand on a le cœur bon, l'avenir semble doux,
Vers la bonté toujours, un penchant vous attire
Et, Madame, à vos pieds je dépose ma lyre,
Pour vous dire le bien que je pense de vous.

Dans ce charmant séjour tout sourit d'allégresse ;
Débordant de gaité, de joie et de tendresse,
Je tiens mon verre haut, plein du vin le meilleur :
De ce jour de bonheur, le parfum nous enivre ;
Parmi ses vrais amis, on est heureux de vivre,
Et je salue en vous l'honnête travailleur.

11 mai 1879.

A Berthe pour ses quinze ans.

Tu vas avoir quinze ans, ô ma fillette chère,
    Fillette de mon cœur.
Et tes jours sont par moi comptés sur cette terre
    Pour quinze ans de bonheur.
Vivre pour son enfant, c'est le bonheur suprême
    Que je souhaite à tous.
Ces jours-là sont bénis, ô ma Berthe que j'aime,
    Et bénis à genoux.
Car Dieu en souverain, dans sa bonté profonde,
    Ce maître triomphant,
Nous dit que le devoir du père en ce bas monde
    C'est d'aimer son enfant.

Quinze ans, c'est le bonheur à sa première aurore,
      C'est le printemps vermeil ;
C'est la fleur s'entr'ouvrant pour aspirer encore
      Un rayon de soleil ;
C'est le charme qui vient, le rêve qui commence,
      C'est le rêve à demi ;
C'est le chant de l'oiseau, l'avenir, l'espérance,
      L'horizon agrandi ;
C'est le ciel qui s'élève et déchire son voile,
      A s'éclairer plus prompt ;
C'est le pur firmament ; c'est l'astre, c'est l'étoile ;
      C'est l'incarnat au front ;
C'est l'heure de la vie où le pas est plus ferme,
      Et l'espoir plus parfait.
De l'âge inconscient, ces quinze ans sont le terme,
      La lumière se fait.

Oui, mais en grandissant il faut qu'on se souvienne.
      Et tu te souviendras
Que ma main près de toi doit soutenir la tienne,
      Et doit guider tes pas ;

Que tu dois conserver ta croyance sincère,

      Pure fille du ciel,

Et ne pas oublier que le conseil d'un père,

      Est le meilleur conseil.

Garde toujours ta foi : quand l'âme est affermie,

      On a le cœur vaillant,

Mais de tous les bonheurs, le plus grand, ma chérie,

      C'est de rester enfant.

10 juin 1879.

Le Sancy

A Mesdemoiselles B...

Pic aux flancs entr'ouverts, montagne solitaire,
Rochers qui profilez votre ombre séculaire
Sur la voûte des cieux, par ce beau soir d'été,
Fantômes des vieux temps à l'éclatante cime,
Vieillards toujours debout sur le bord de l'abîme,
J'aime de votre front la sombre majesté.

De vos gorges d'enfer, j'aime à voir les arcades,
J'aime de vos sommets voir bondir les cascades
Et former dans la plaine un sinueux torrent;

J'aime, ô belle cascade, entendre ton murmure
Et voir se tordre au vent ta blonde chevelure
Qui tombe sur le roc en poussière d'argent.

J'aime vos grands sapins à la nuance sombre,
Vieux géants du passé qui regardent dans l'ombre
Les oiseaux tournoyant, graves spectres ailés.
J'aime dans vos sentiers l'herbe verte qui pousse,
Vos beaux gazons touffus et vos fleurs dans la mousse
Comme une mosaïque aux reflets étoilés.

Fleur d'Auvergne si belle à la première aurore,
Nous possédons des fleurs plus charmantes encore,
Telles que les produit le printemps éternel.
Zéphyr au doux parfum, sois-leur toujours fidèle,
Qu'elles croissent en paix sous l'aile maternelle,
Comme la fleur des champs sous les rayons du ciel.

Mont-Dore, 16 juillet 1879.

A Berthe,
après une maladie.

Fleur vacillante encore, emblème d'innocence,
Beau lys, lys adoré, par la douleur pâli ;
Fillette aux grands cheveux, pliant sous la souffrance,
Comme l'arbuste au vent par l'orage affaibli.

Renais à la santé, jeune et blanche colombe,
Ce sera le bonheur qui reviendra plus prompt ;
Car de tes grands yeux bleus chaque larme qui tombe
Creuse, comme un burin, une ride à mon front.

Villemenon, 19 octobre 1879.

A mon filleul,
en lui donnant un âne du nom de Robinson.

De parrain à filleul on se dit ce qu'on pense,
On peut donc appeler les choses par leur nom,
Je suis le grand flâneur, ton âne est Robinson,
Et toi le vrai bijou pétri d'intelligence.

1er janvier 1878.

Au même.

Dispensateur des dons, ton vieux parrain qui t'aime
De ton frère autrefois sut faire un général.
Je ferai mieux encore par mon pouvoir suprême,
Toi, troisième du nom, je te fais maréchal.

1ᵉʳ janvier 1878.

Au même.

Au plus fort de tous les géants.

.

Grand garçon de six ans à la fière tournure,
Sais-tu du collégien les vrais commandements?
Tape fort sur ton pion, mords-le de temps en temps,
Et montre-lui, le soir, l'envers de ta figure.

Janvier 1880.

12

A Alice B...
Premier anniversaire.

Que j'aime à te revoir, fantôme du passé!
Mes jours depuis un an comme un rêve ont passé,
Mes larmes ont tari, mais ma douleur demeure.
Mon Dieu! prends en pitié mon pauvre cœur qui pleure.

6 janvier 1880.

A Marguerite, à Jeanne.

Du cœur faire un miroir, de l'âme une espérance,
Croire au bonheur futur, comme au printemps vermeil,
Penser ce que l'on dit, dire ce que l'on pense,
Sous le regard de Dieu placer son innocence,
De votre vieil ami, c'est le meilleur conseil.

Montmorency, 27 juin 1880.

A mon petit ami André Beauvillain
pour sa première communion.

Souris à ce grand jour comme au soleil levant,
Car l'ombre est par derrière et la clarté devant.
La lumière avec toi pénètre dans le temple,
D'en haut Dieu te sourit, un ange te contemple.

5 mai 1881.

A Marguerite,
                    pour son mariage.

Écoute ce dialogue, et lorsque tu l'auras
Entendu, je suis sûr que tu m'excuseras.
Ma muse, je l'avoue, a mauvais caractère;
Je lui disais hier : De ton aide, ma chère,
Je vais avoir besoin; c'est un grand jour demain,
Et je ne voudrais pas m'arrêter en chemin...
Travaillons tout de suite, et sans nous contredire;
Car je t'aime, ma muse, et j'aime à te le dire.
Il s'agit, tu le sais, d'un serment solennel,
D'un lien chéri de tous et sacré par l'autel;
De bénir deux enfants dont le cœur est sincère :
Donc, j'ai compté sur toi pour me sortir d'affaire.

Vous avez mal compté, restez dans l'embarras,
Avec vous, aujourd'hui, je ne chanterai pas.

13

Il ne me convient pas, sans que l'on m'avertisse,
De subir votre loi, suivre votre caprice;
Vous aimez le printemps, l'arbre vert, le tilleul,
Il vous plaît de chanter, eh bien! chantez tout seul.

Avec étonnement, à mon tour je t'écoute,
Es-tu dans ton bon sens, chère muse? J'en doute;
Je crois que le printemps, l'air frais, le renouveau
Ont d'un grain de folie assailli ton cerveau :
Comment, tu ne veux pas dans ce jour d'allégresse,
Célébrer le plaisir, la grâce et la jeunesse;
Et ton front porterait l'empreinte du souci,
Alors que le bonheur vient s'installer ici!
Au fond de ta pensée, ô muse, je devine;
Cesse donc avec moi de te montrer taquine,
Bien inutilement tu prétends me quitter;
Sans ton concours, vois-tu, je puis très bien chanter,
Et je te montrerai qu'un fol orgueil t'abuse,
Si tu veux t'obstiner, ô ma charmante muse;
Mes vers n'auront pas moins le charme et la douceur;
Je me passerai de toi : je chante avec mon cœur.

Et mon cœur sait très bien, sans ton aide, ma chère,
Aux époux témoigner mon amitié sincère;
Et comme un vieil ami, me plaçant entre eux deux,
Pour leur prospérité je forme ici des vœux;
Et le verre à la main, dans ma coupe qui brille,
Je salue en eux deux notre double famille.

27 mai 1881.

Les Quinze ans d'Alice

Comme un soleil levant sur le flot qui l'éclaire
S'élève grossissant son globe de lumière,
En colorant les flots de prismes inconnus;
Comme un rayon du jour perçant la nuit obscure,
Comme un petit oiseau chantant sous la verdure,
Aux senteurs du printemps... tes quinze ans sont venus.

Et ta vie a changé, la fleur a plus de grâce,
Le ciel plus de clarté, l'horizon plus d'espace,
Le rêve né d'hier n'est plus qu'un souvenir;
Sur les ailes du temps, il s'efface, il s'envole,
En ton ange gardien par-dessus ton épaule,
Aux grands yeux étonnés regarde l'avenir.

Car l'avenir, vois-tu, c'est là le grand mystère,
L'immense profondeur pour nous tous sur la terre,
Nul ne sait aujourd'hui ce qu'il sera demain :
Demain n'est pas fait d'hier, c'est un mot qu'on ignore,
C'est l'horizon voilé qui devance l'aurore,
L'avenir est à Dieu, Dieu seul l'a dans sa main.

Salut à tes quinze ans, salut à ta jeunesse ;
Ton père dont le cœur déborde de tendresse,
Rempli de plus d'amour qu'il n'en peut contenir,
Ton père sur ton front qui rougit et s'étonne,
De tes quinze ans en fleurs dépose la couronne,
Salut à ton printemps, salut à l'avenir.

Maintenant, devant toi marche la tête haute,
Qui connaît le devoir ne connaît pas la faute :
Lorsque le front est pur, le cœur bat librement,
Et le tien brillera de cette pure flamme,
Car devant Dieu qui lit dans le fond de ton âme,
Ton père pour sa fille en a fait le serment.

7 octobre 1881.

A toutes les deux,
Marguerite et Jeanne.

Jeannette et Marguerite, ici l'on vous regrette

Et de votre retour

Nous parlons chaque jour,

Car je vous aime aussi, Marguerite et Jeannette.

Nos Noces d'argent

Quand l'esprit plane haut, c'est qu'un rayon l'éclaire,
C'est l'astre au firmament; de Dieu c'est la lumière,
Et mon vers trouvera le charme et la douceur,
En parlant aujourd'hui le langage du cœur.

L'âme suit sans regrets le fleuve de la vie
Quand par ses souvenirs elle s'endort ravie,
Quand le voile léger qui couvre le passé
Se lève transparent sur l'avenir qui brille,
Lorsque, comme l'éclair qui dans le ciel scintille,
Les lustres sur nos fronts comme un rêve ont passé.

Lustres des temps passés évanouis dans l'ombre,
Je ne vous compte pas, j'ignore votre nombre,
Le bonheur n'est jamais mesuré par le temps,
Et dans mes souvenirs, fidèle à ma pensée,
Faisant revivre en moi l'existence passée,
Comme de vieux amis, j'aime mes cheveux blancs.

Il faut aimer et croire, aimer, croire sans cesse ;
Nous sommes faits d'amour, d'espoir et de tendresse,
Où le doute apparaît, l'erreur suit trop souvent ;
De celui qui fit tout, c'est l'immense génie,
De la création la sublime harmonie,
A l'oiseau dans son nid Dieu mesure le vent.

Vivre de cet amour qui porte et qui féconde,
Croire que le bonheur est aisé dans ce monde,
Que quand le cœur est droit la vertu coûte peu,
Et dans le calme heureux comme dans la nuit sombre,
Se tenir par la main et s'éclairer dans l'ombre,
C'est notre part à tous dans la charte de Dieu.

Ainsi nous avons fait au fort de la tourmente,
Du travail incessant et de la lutte ardente,
Nous n'avons jamais craint, jamais désespéré ;
Nous avons confondu la joie et la souffrance,
L'ardeur, l'abattement, la crainte et l'espérance ;
Nous avons ri tous deux, ou nous avons pleuré.

Et nous croyons encor qu'ici-bas rien ne tombe
Et que rien ne finit, même aux bords de la tombe,
Que croire en l'avenir est le droit de chacun,
Que le cœur est vaillant lorsqu'il brave l'orage,
Et que, lorsqu'il créa la femme à notre image,
Dieu dit : Vous êtes deux, mais vous ne faites qu'un.

18 mars 1882.

A Jeanne,
le jour de son mariage.

Aujourd'hui jeune fille et demain jeune femme,
Quand ton cœur étonné sent le bonheur venir,
Jeanne, garde toujours la beauté de ton âme,
De ton âme immortelle et qui ne peut périr.

Quand ton soleil levant se dégage dans l'ombre,
Et comme un phare au loin te montre l'avenir,
Quand le passé s'enfuit dans la nuit triste et sombre,
Jeanne, il faut espérer, il faut te souvenir.

Il faut croire au printemps, à la fleur jeune et belle,
A l'oiseau qui grandit et qui se sent frémir.
L'aube qui luit sur toi, c'est une aube nouvelle;
Jeanne, de tes regrets le temps vient de finir.

L'horizon s'est ouvert, et j'accorde ma lyre
Pour célébrer des chants de joie et de plaisir,
Vers celui qui t'attend, viens avec un sourire,
Le bonheur est au seuil, la maison va s'ouvrir.

Et je vous confondrai dans une même étreinte,
Ce sont mes cheveux blancs qui veulent vous bénir,
Marchez droit devant vous, marchez, soyez sans crainte,
Jeanne, ton oncle t'aime, il faut t'en souvenir.

15 avril 1882.

A Berthe,
pour son mariage.

Berthe, tu vas partir comme la fleur qu'on cueille,

C'est le commencement du bouquet qui s'effeuille,

C'est le passé cédant sa place à l'avenir,

C'est le livre fermé sur la première page,

La barque au vent du soir abandonnant la plage

Pour suivre le courant..... Berthe, tu vas partir.

Tu pars, mais dans nos cœurs nous te gardons encore

Comme on garde un reflet de l'âme qu'on adore;

Tel le soleil couchant qui baisse à l'horizon,

Luit d'un dernier éclat sur la vague profonde,

Et pareil à l'éclair qui scintille sur l'onde,

Il nous caresse encor de son dernier rayon.

Tu pars, mais crois à ceux dont l'amour est sincère.

Quand on a le cœur droit, la vie est plus légère ;

De ceux qu'il a choisis Dieu protège les pas,

Dans ses desseins secrets, il marque seul notre heure

Et sur le seuil ouvert de la maison qui pleure

Laisse la larme ici, le sourire là-bas.

Car là-bas on t'attend, là-bas on te désire,

Un cœur qui bat pour toi près de ton cœur soupire,

La nature a pour vous de doux frémissements,

Tout sourit, le printemps, le gazon et la mousse,

Pour vous la marguerite a la réponse douce :

C'est le rêve d'amour, c'est le rêve à vingt ans.

Dans ces vers faits pour toi j'ai mis toute mon âme,

Nous t'aimions jeune enfant, nous t'aimons jeune femme,

Dans ton aube qui luit du cœur nous te suivrons

Comme on suit du regard l'oiseau qui bat de l'aile,

Et par le souvenir, quand nous serons loin d'elle,

Nous sentirons encor son souffle sur nos fronts.

Je vous bénis tous deux, Dieu veut dans sa justice
Que, dans ce jour heureux, un père vous bénisse,
Qu'il sente en vous voyant son souffle s'animer,
Et vous vous souviendrez, puisque Dieu vous rassemble,
En joignant vos deux mains dans la mienne qui tremble,
Que le plus grand bonheur est de savoir s'aimer.

22 novembre 1882.

A Robert B...
Au fils de mon meilleur ami.

O bel ange gardien, dans ta tendresse immense,
Toi qui du Dieu d'en haut fais pencher la balance,
De ce blond chérubin soutiens le pas tremblant;
Toi messager du ciel, descendu sur la terre,
Répands sur ce berceau tous les dons qu'une mère,
Dans son cœur inquiet, rêve pour son enfant.

18 mars 1884

ACHEVÉ D'IMPRIMER

PAR

G. GOUNOUILHOU, a Bordeaux

LE XXI JUILLET M.DCCC.XCVII

www.ingramcontent.com/pod-product-compliance
Lightning Source LLC
Chambersburg PA
CBHW051741090426
42738CB00010B/2357